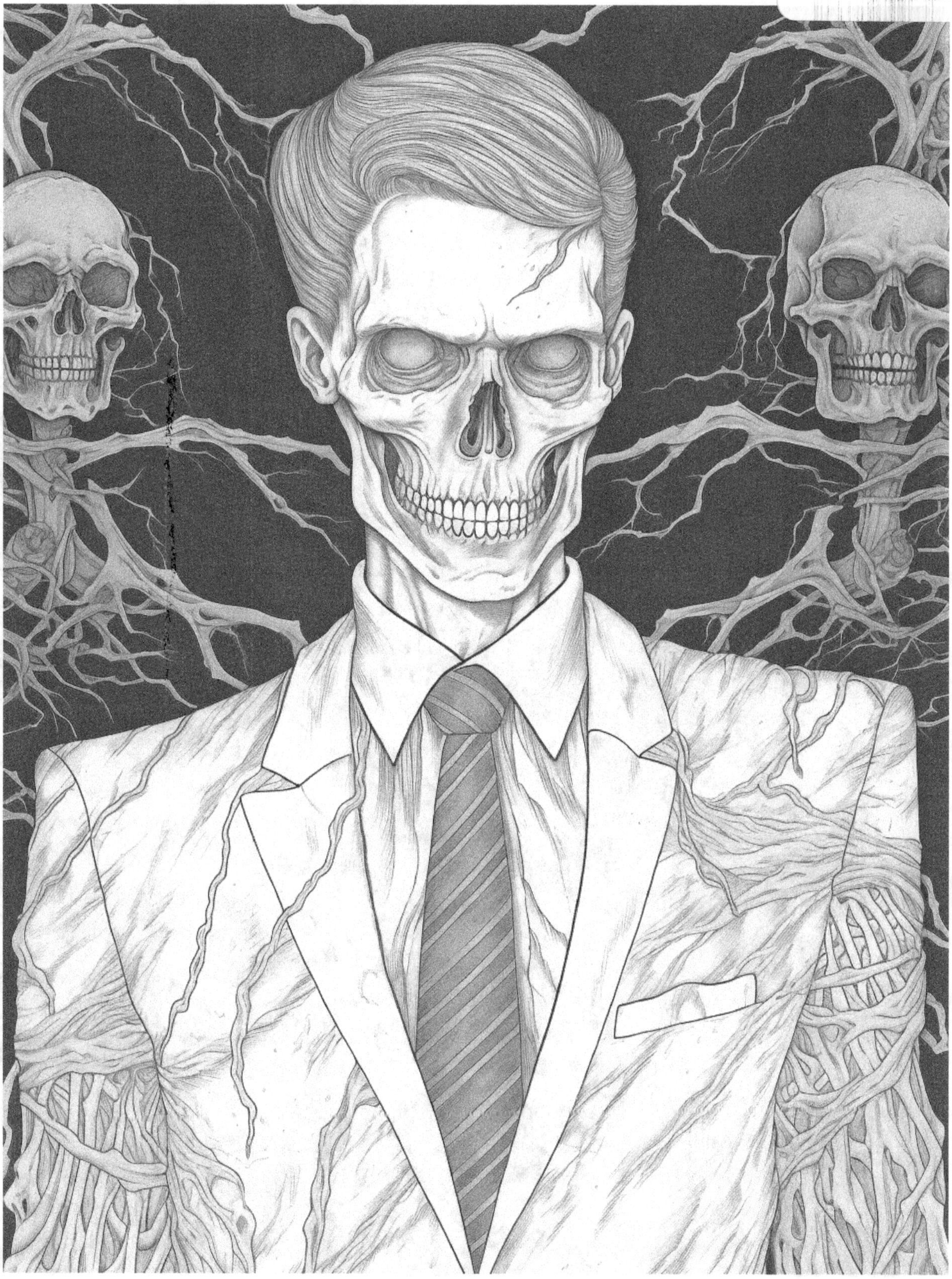

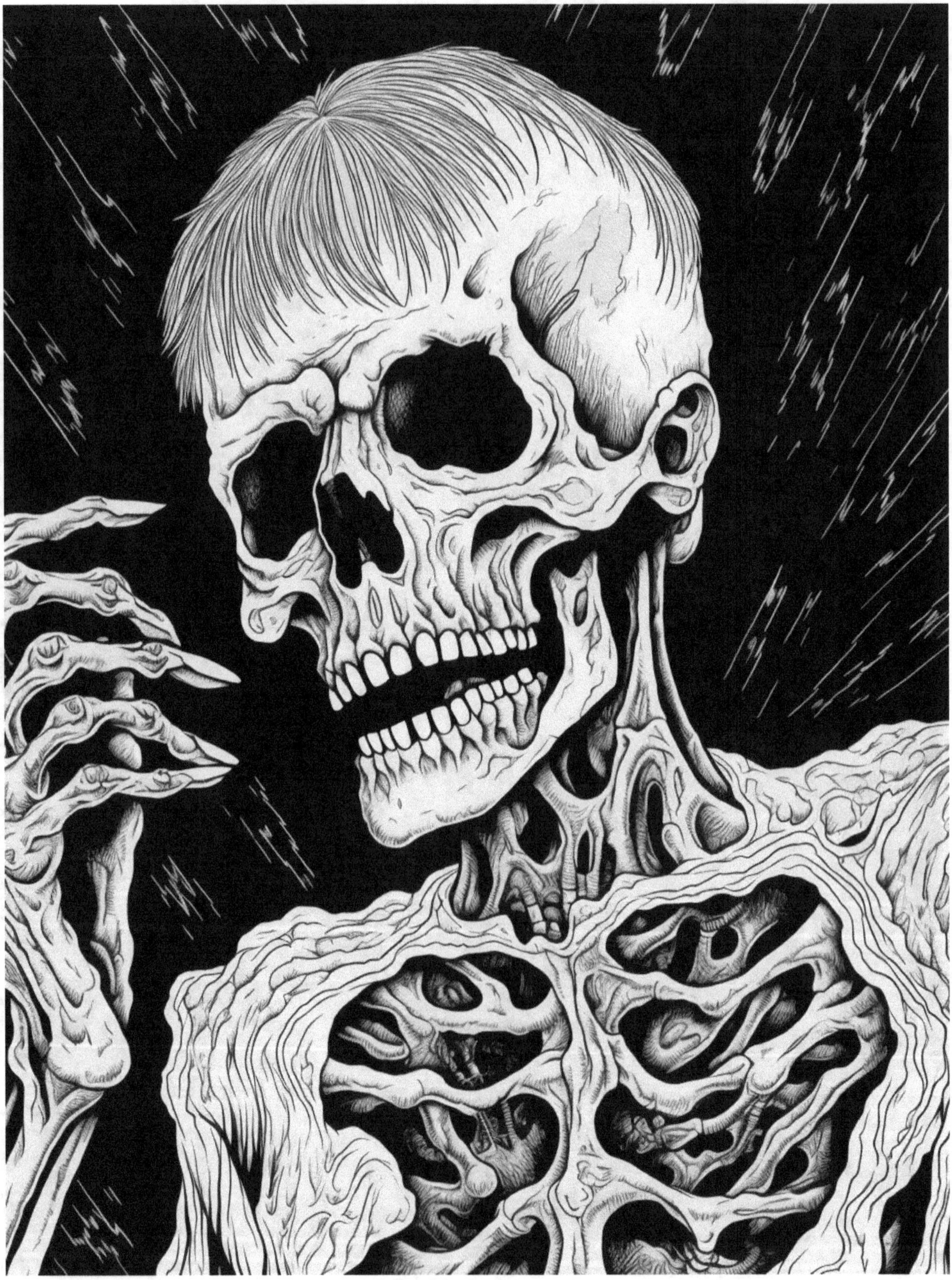

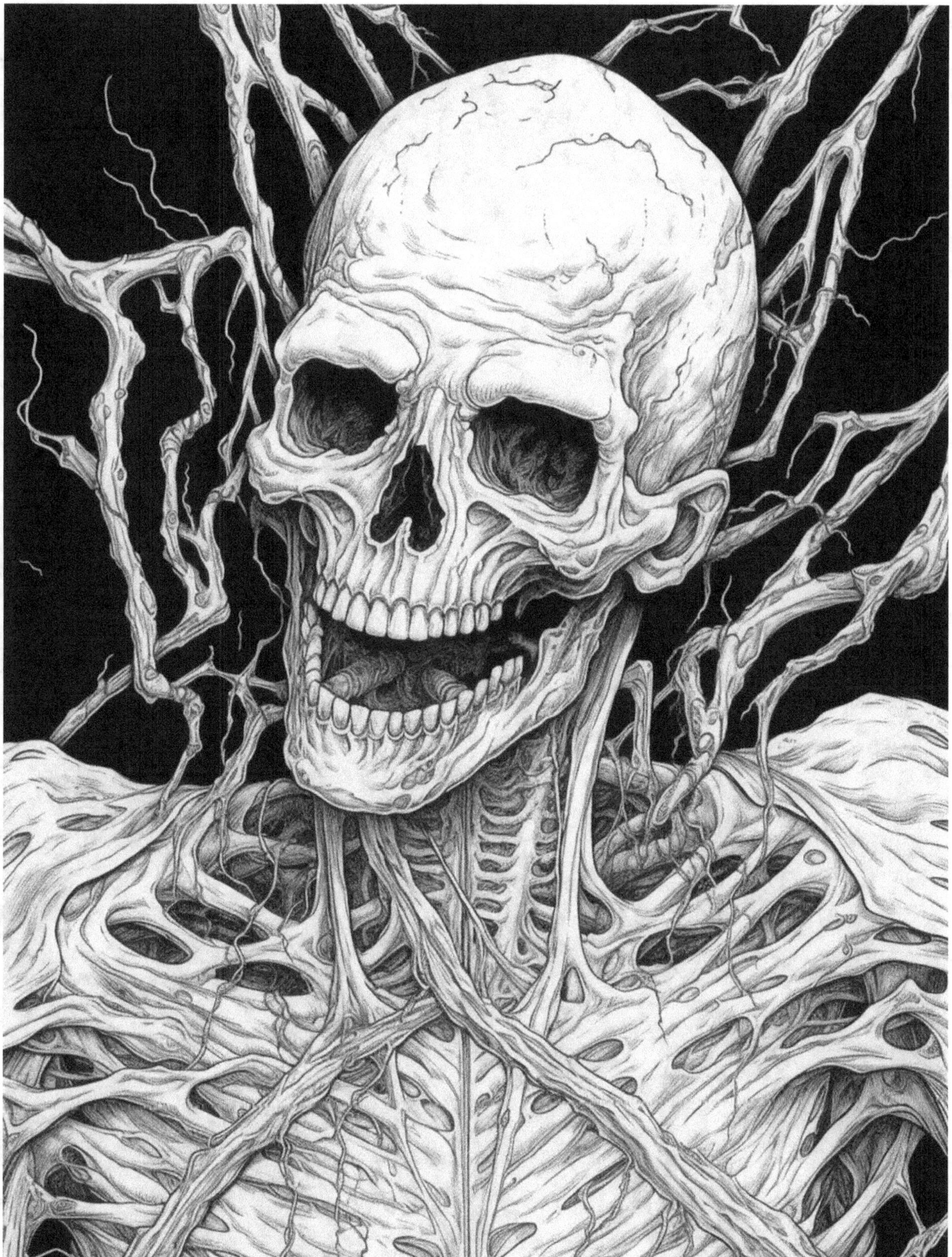

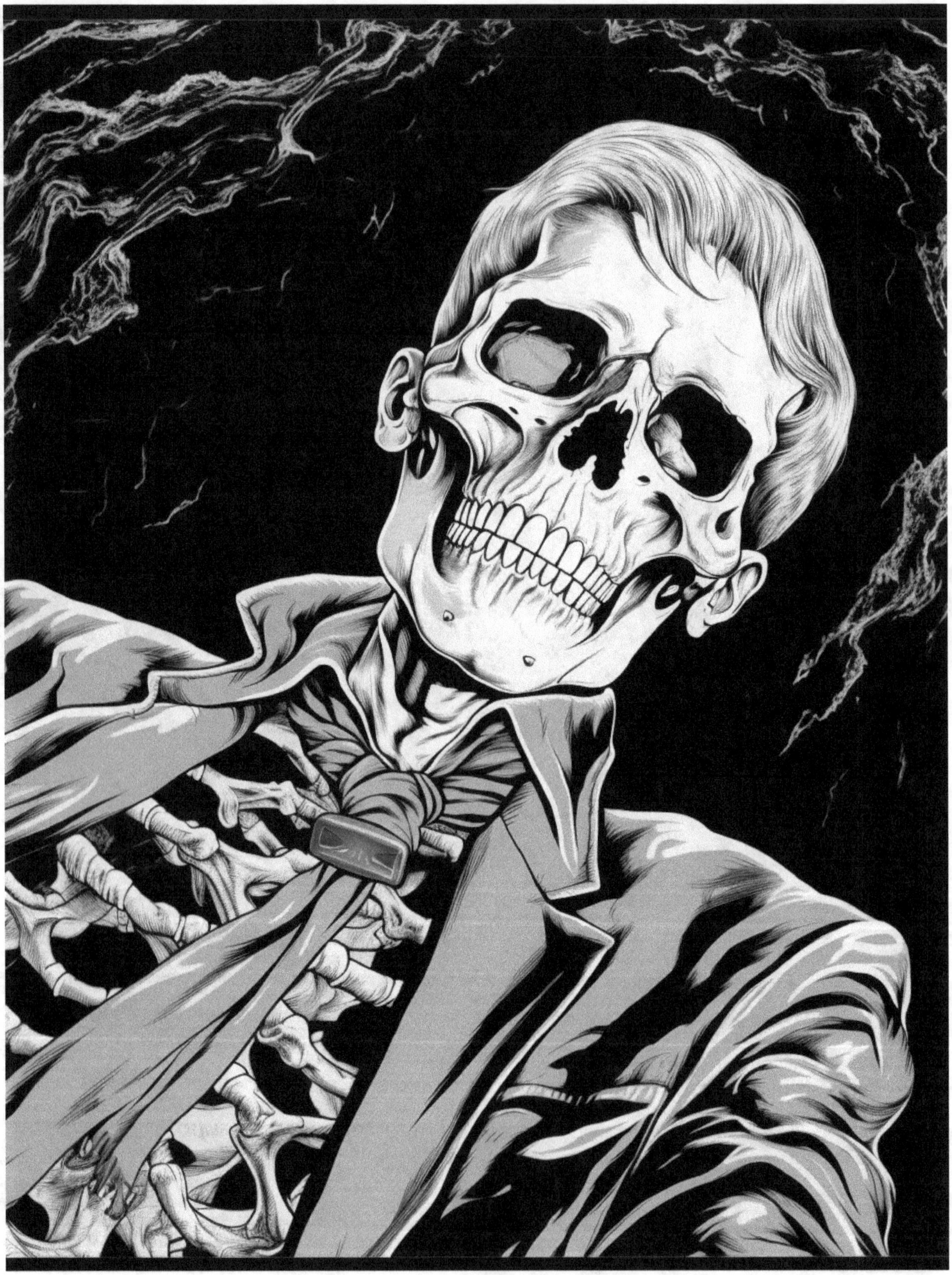

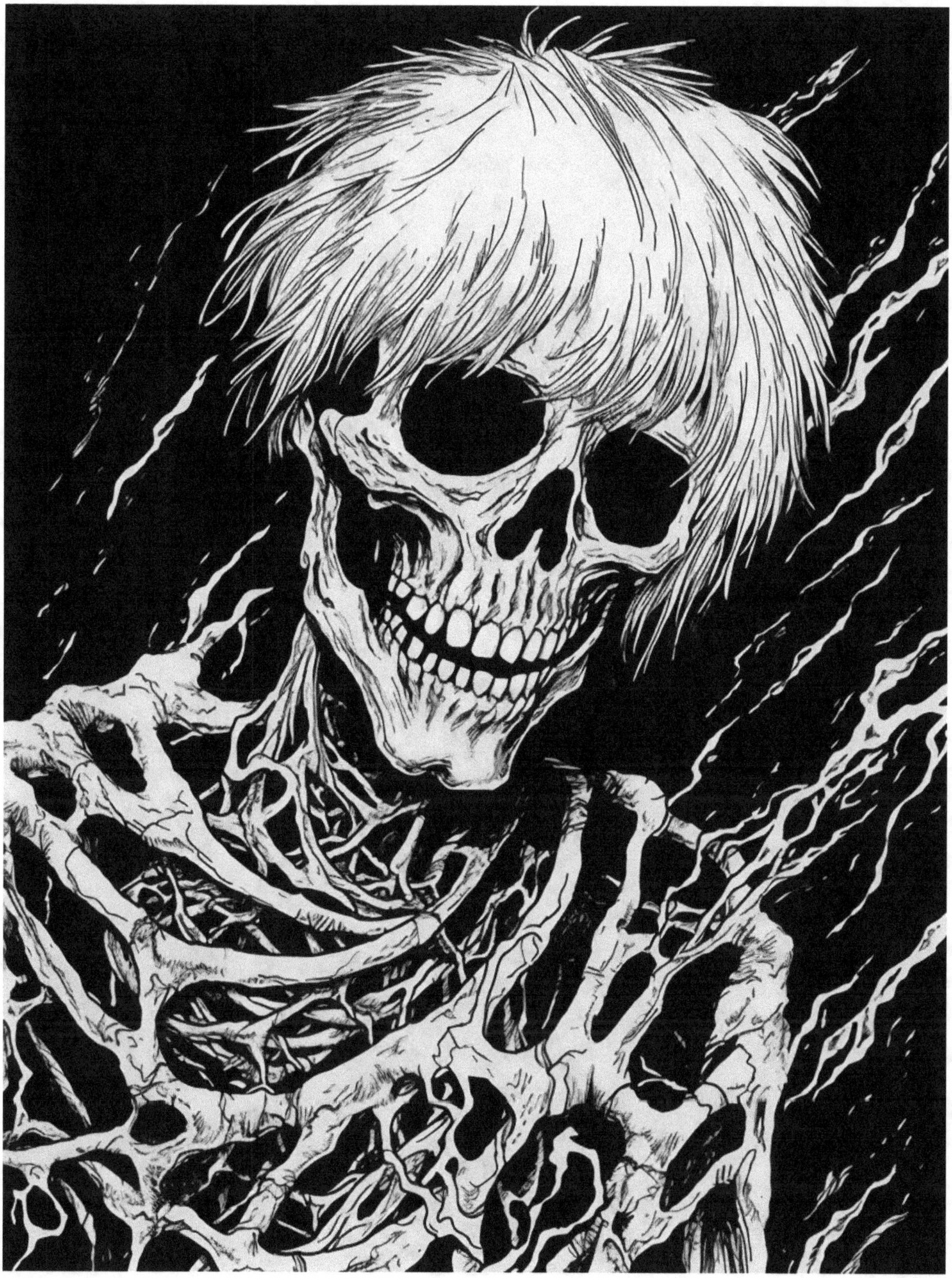

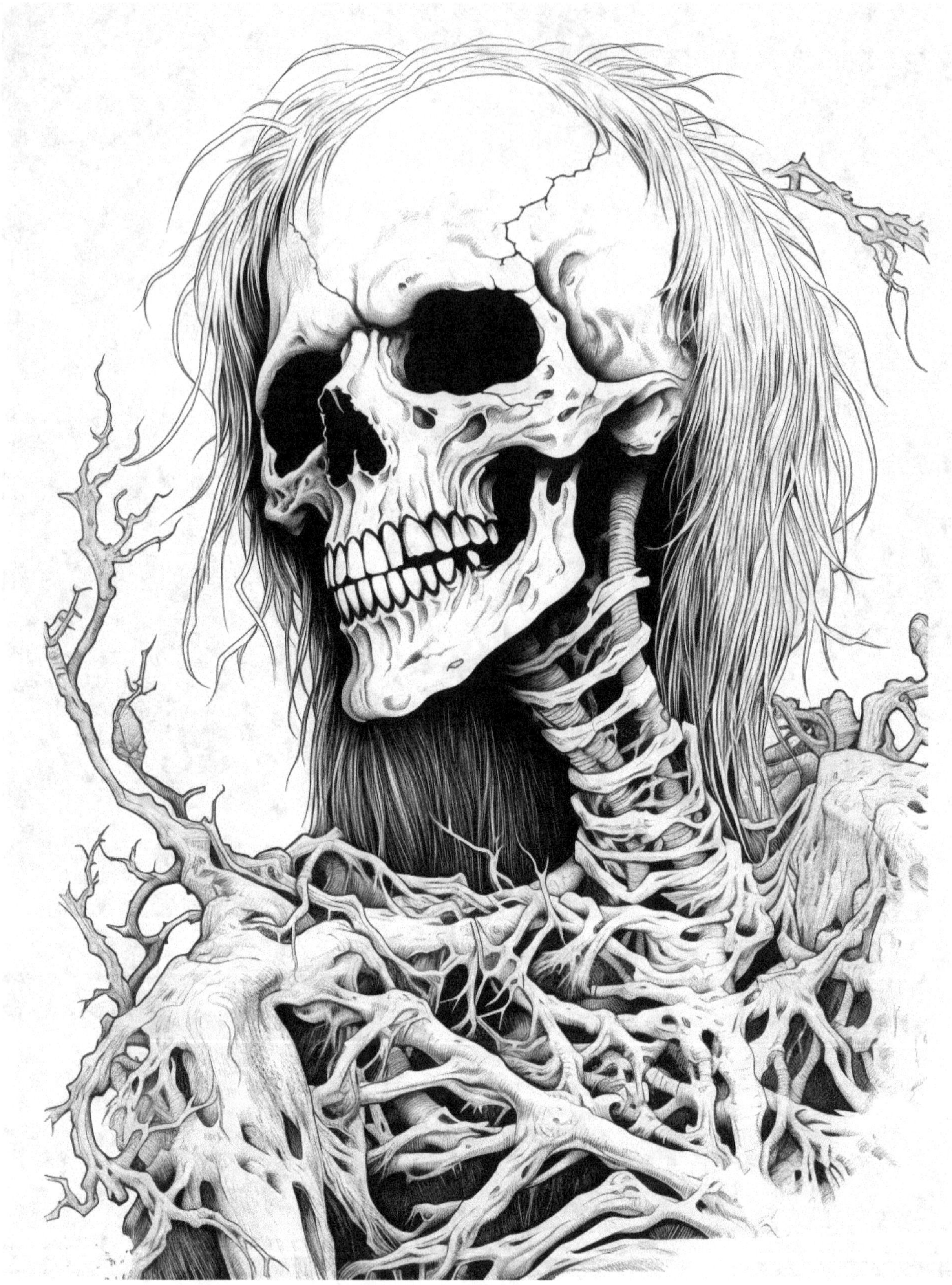

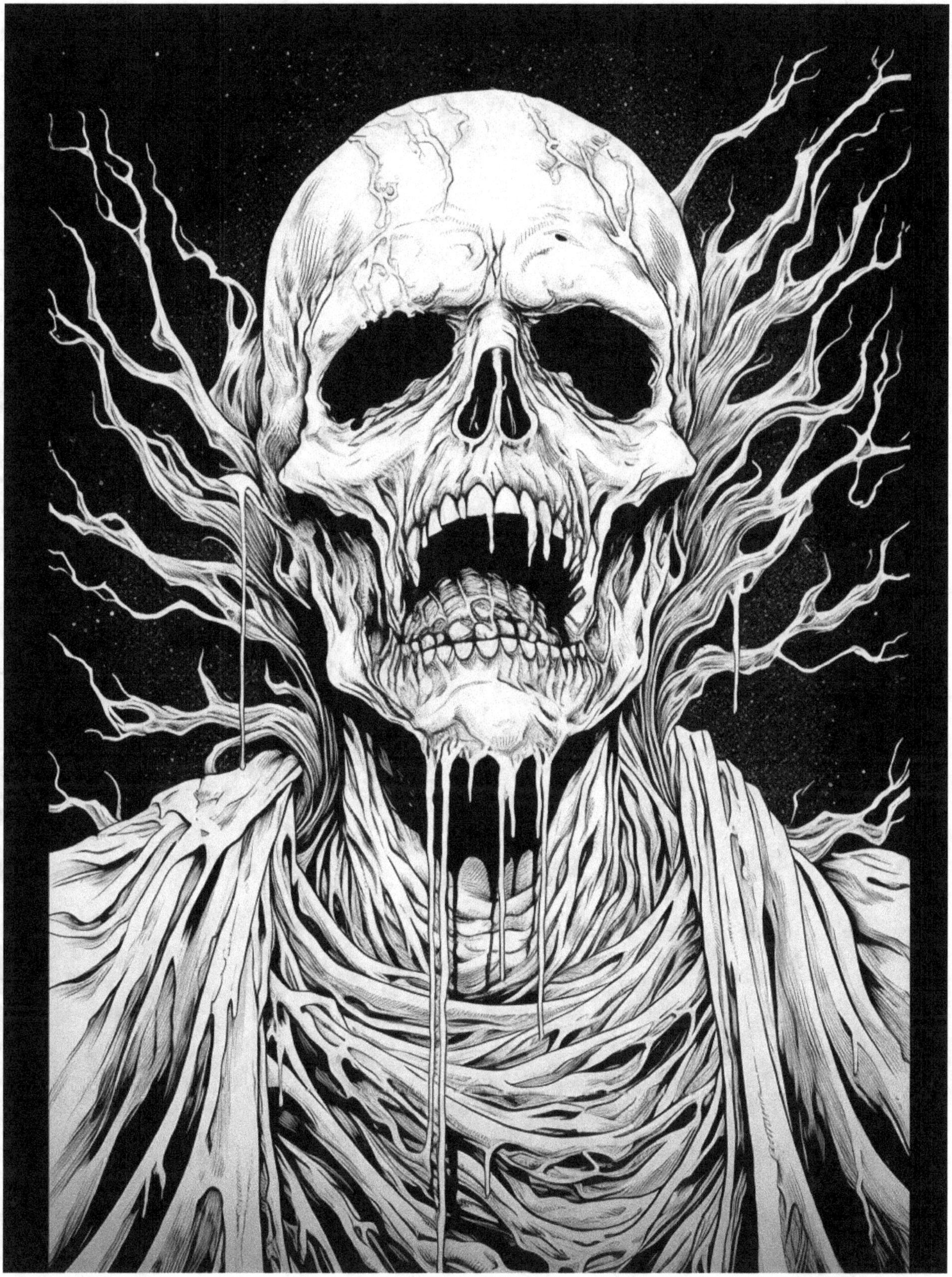

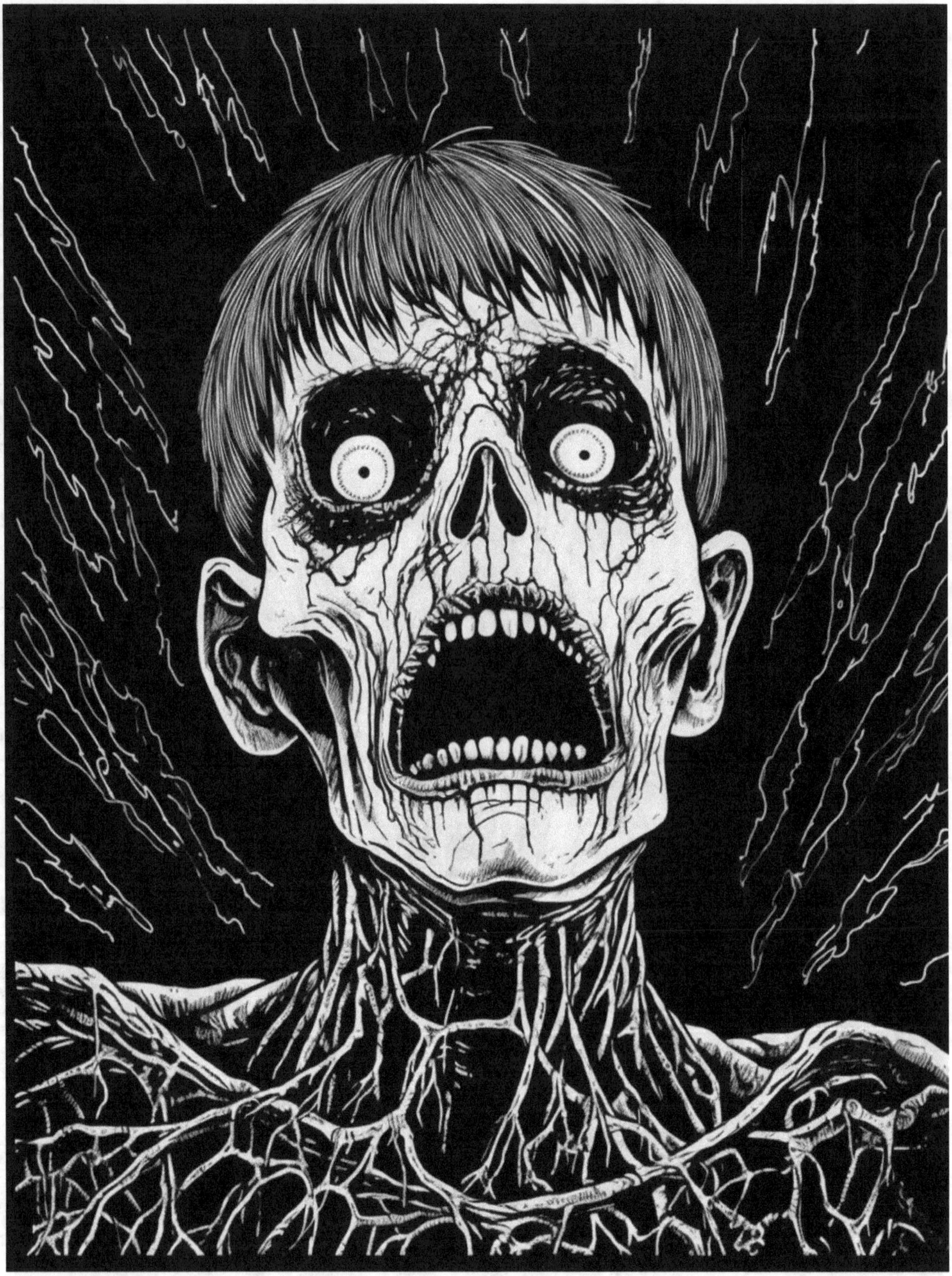

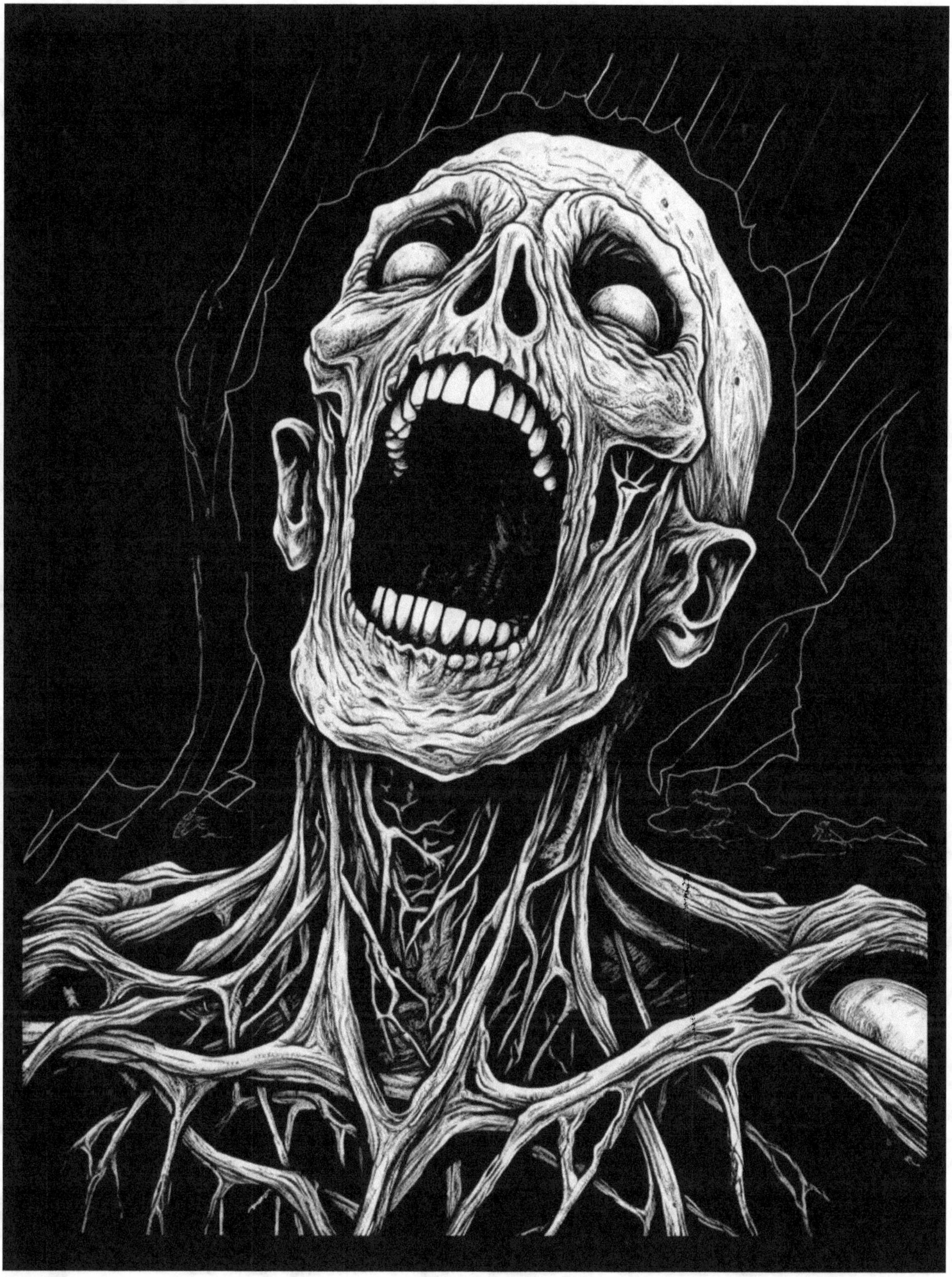

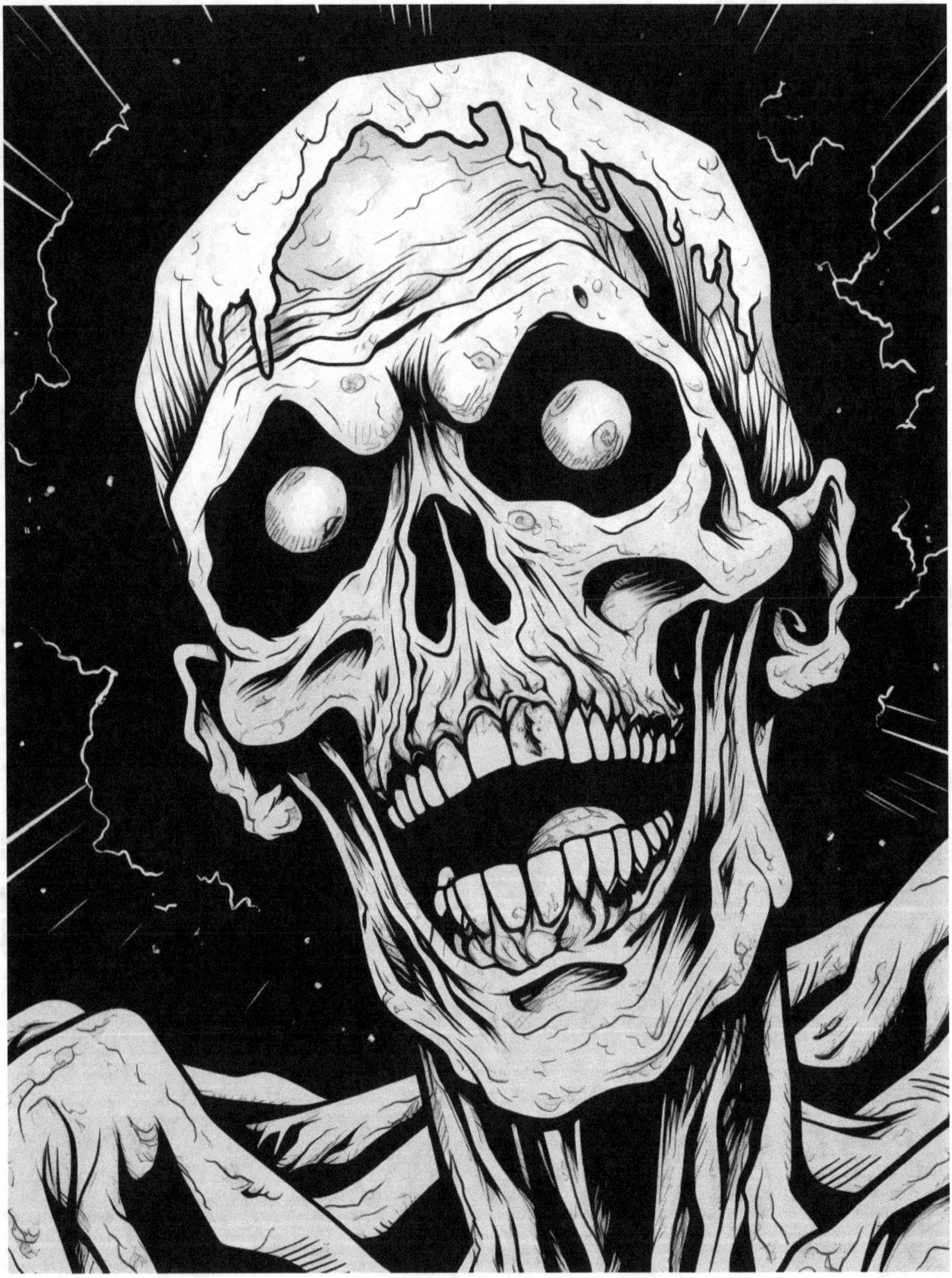

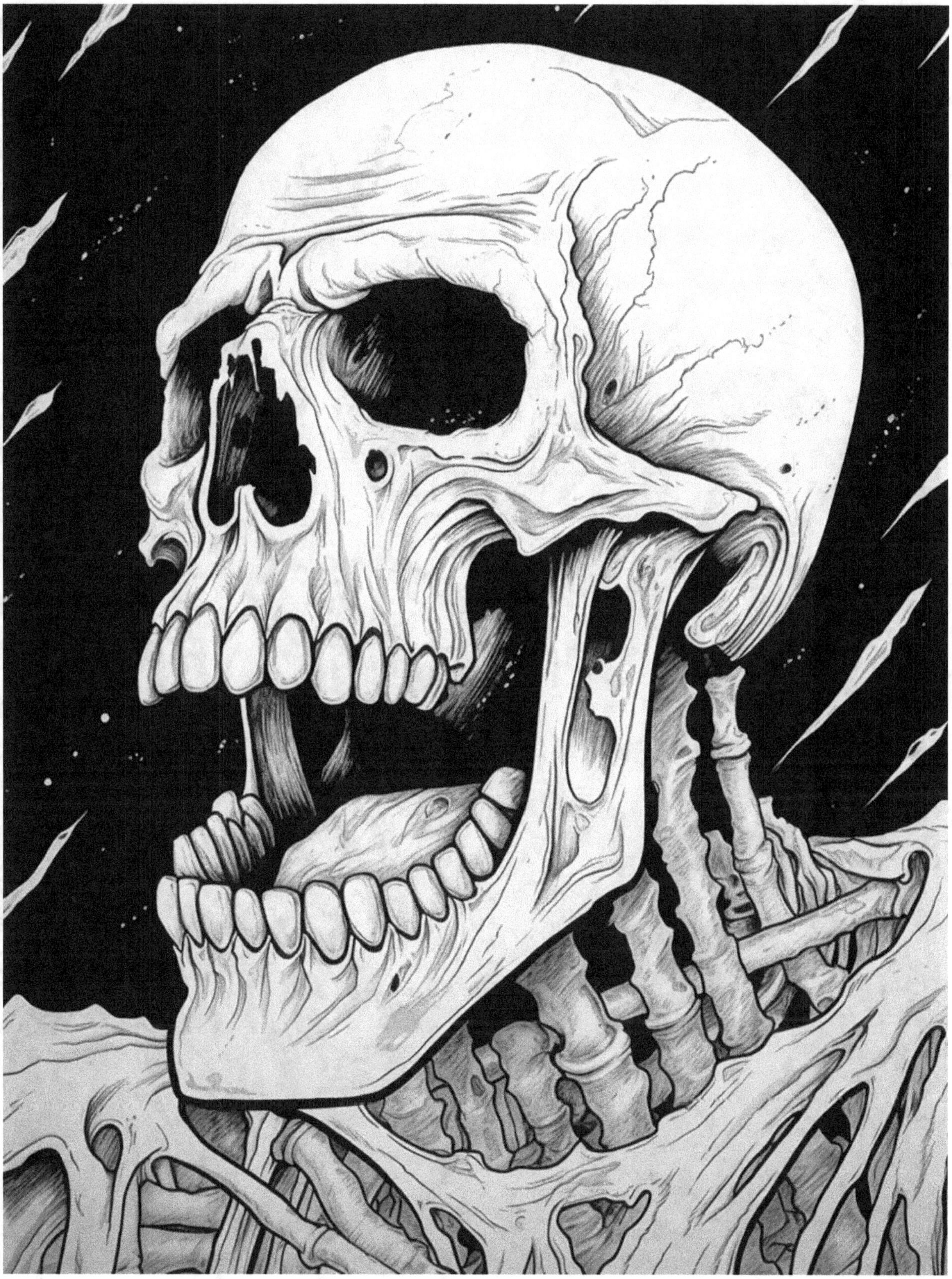

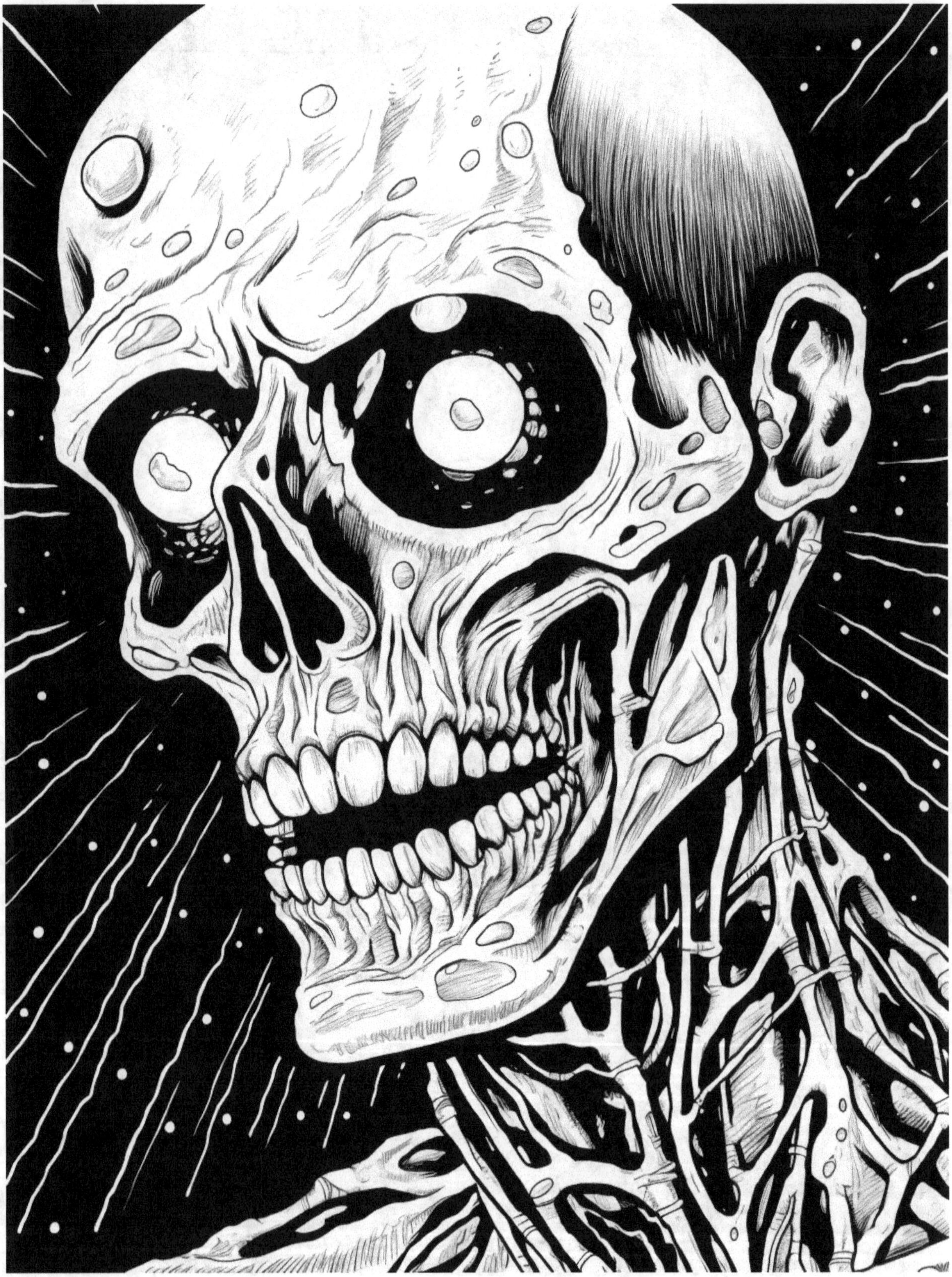

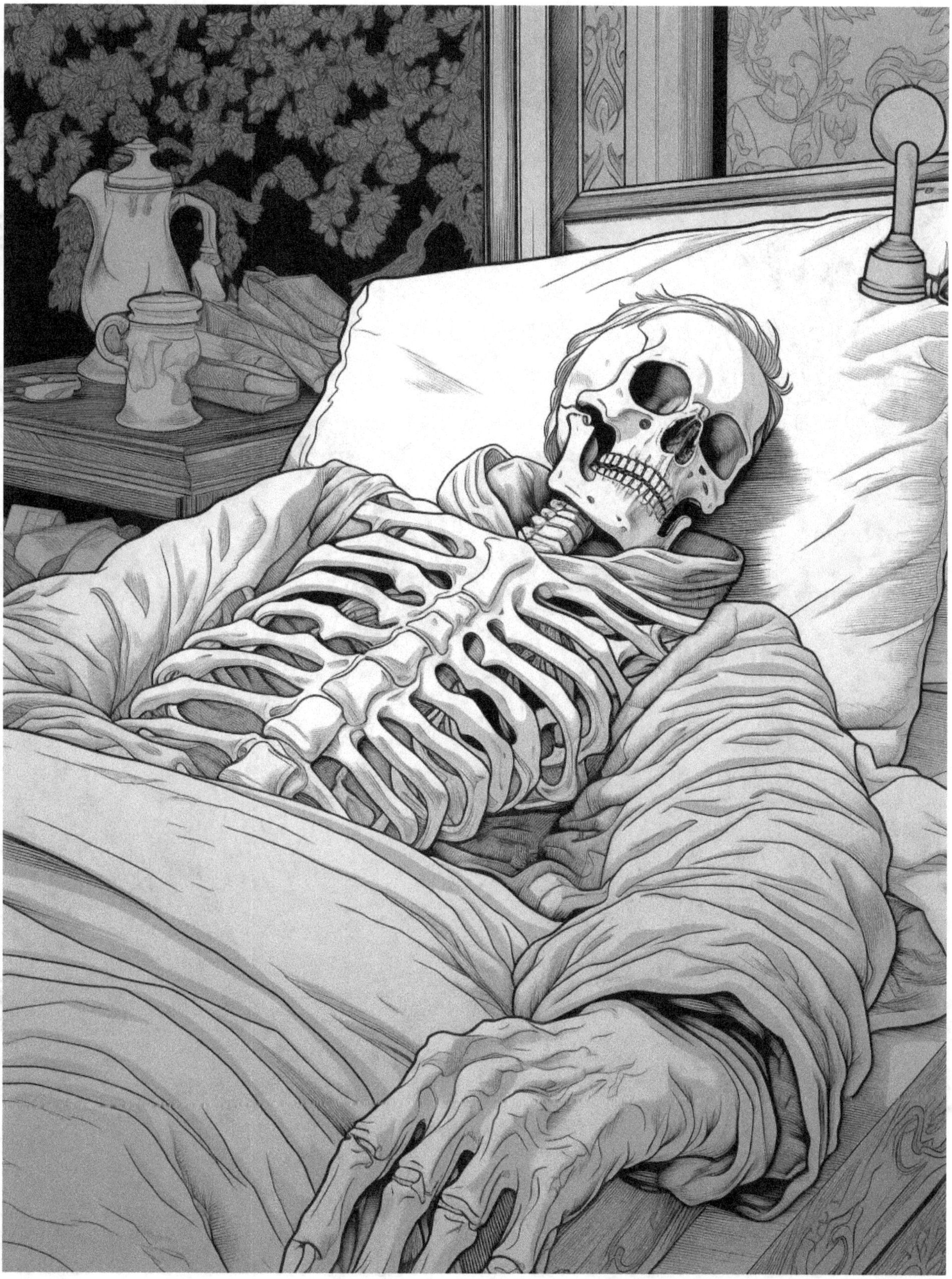

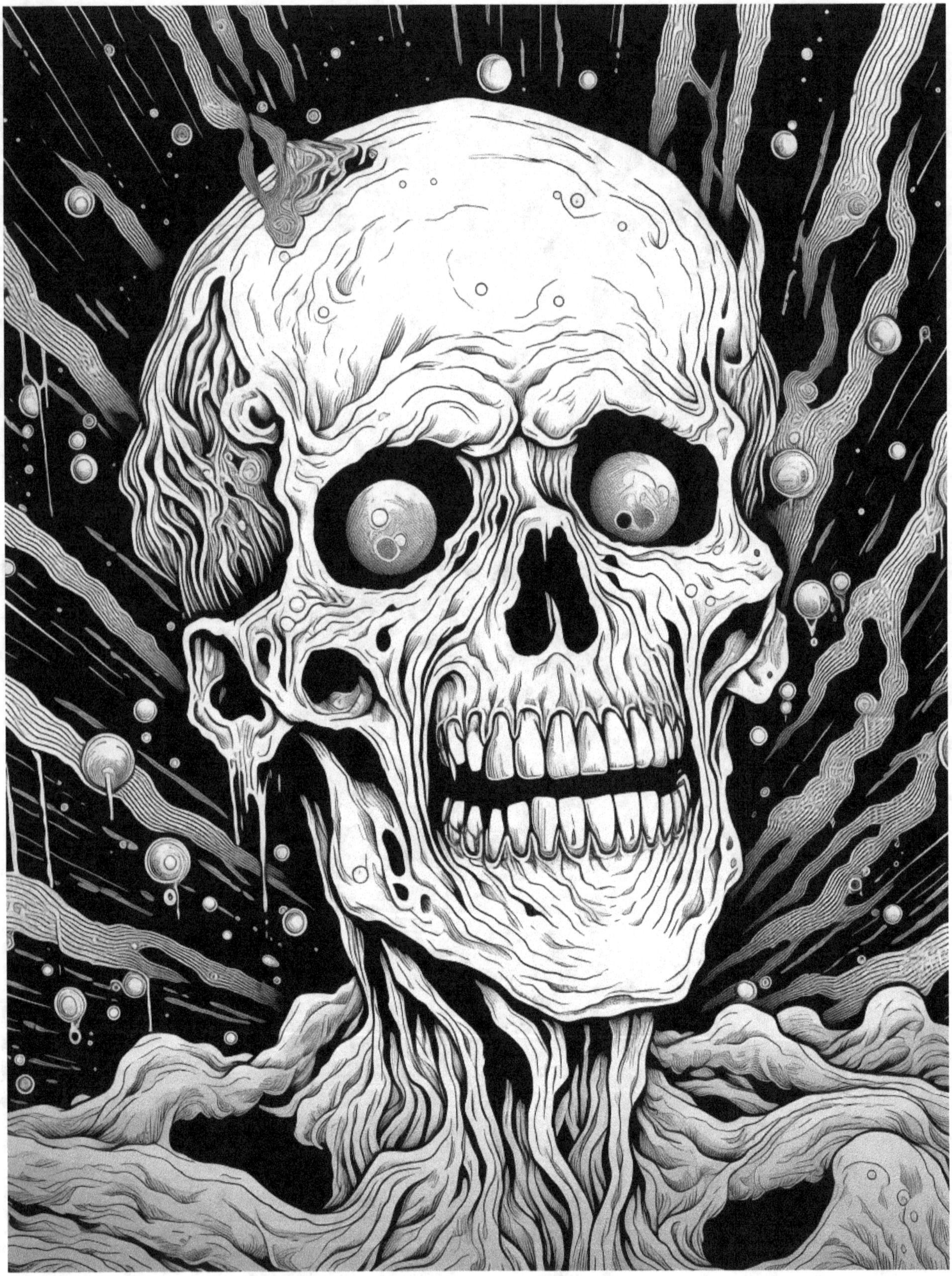

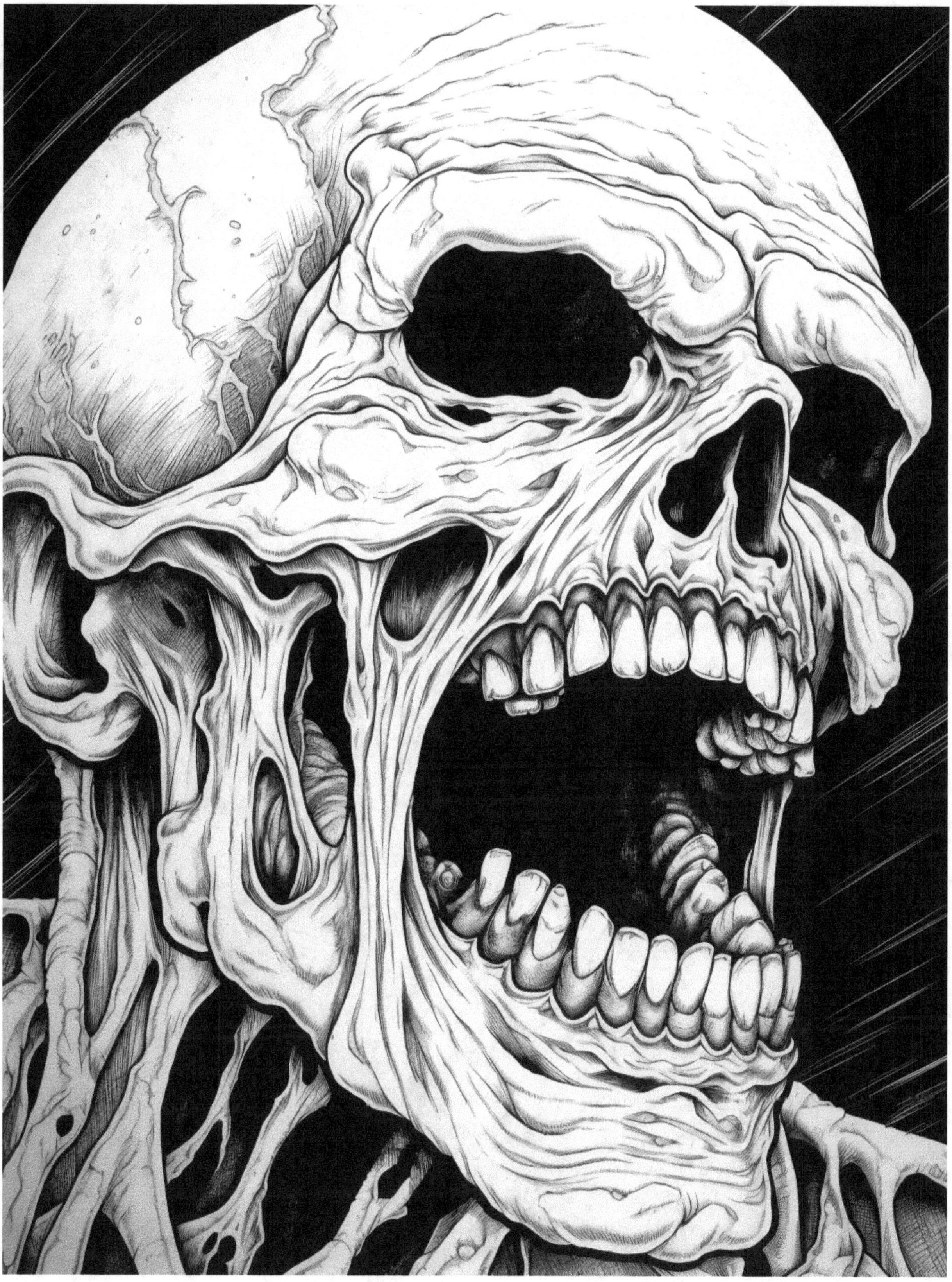

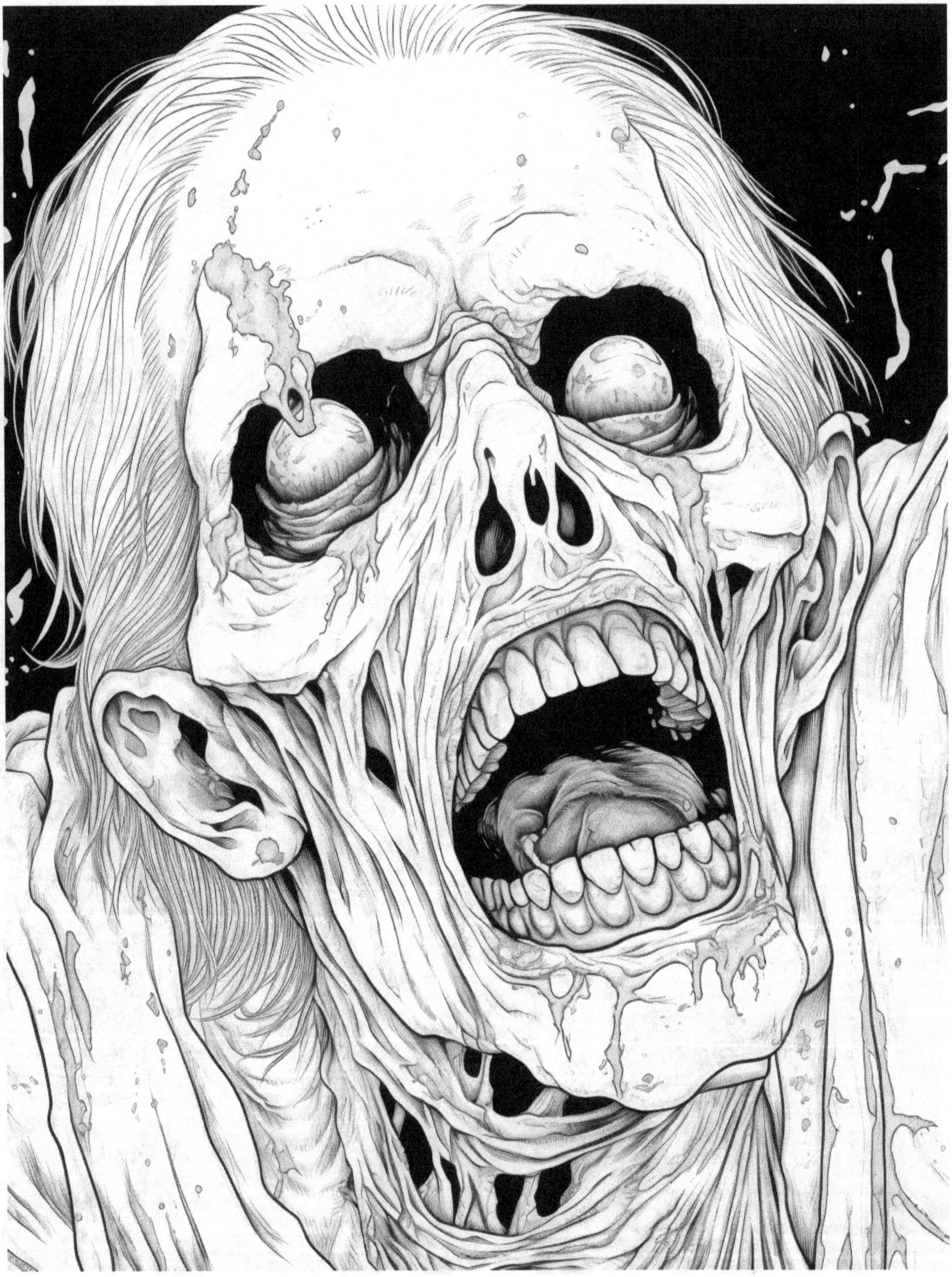

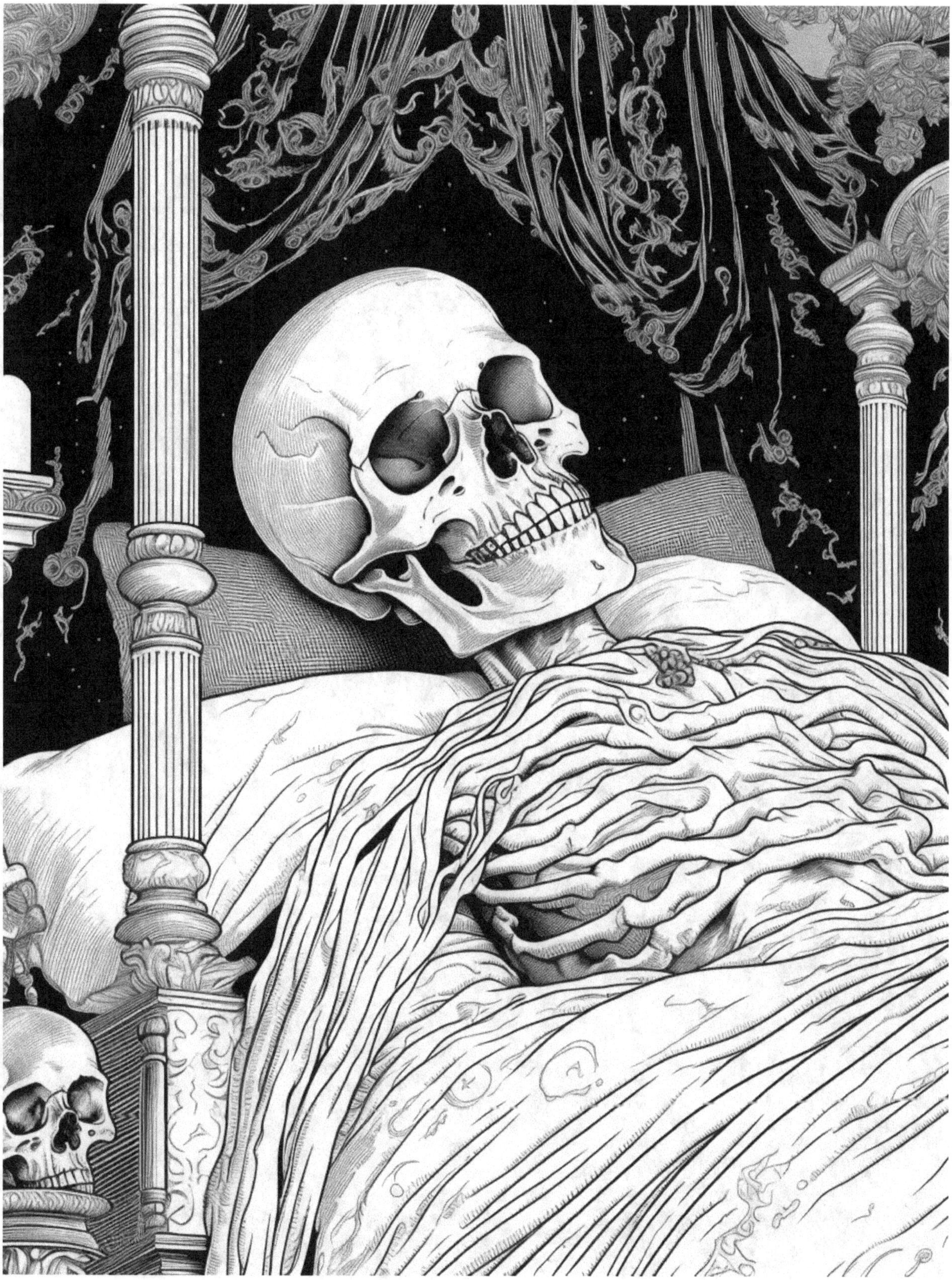

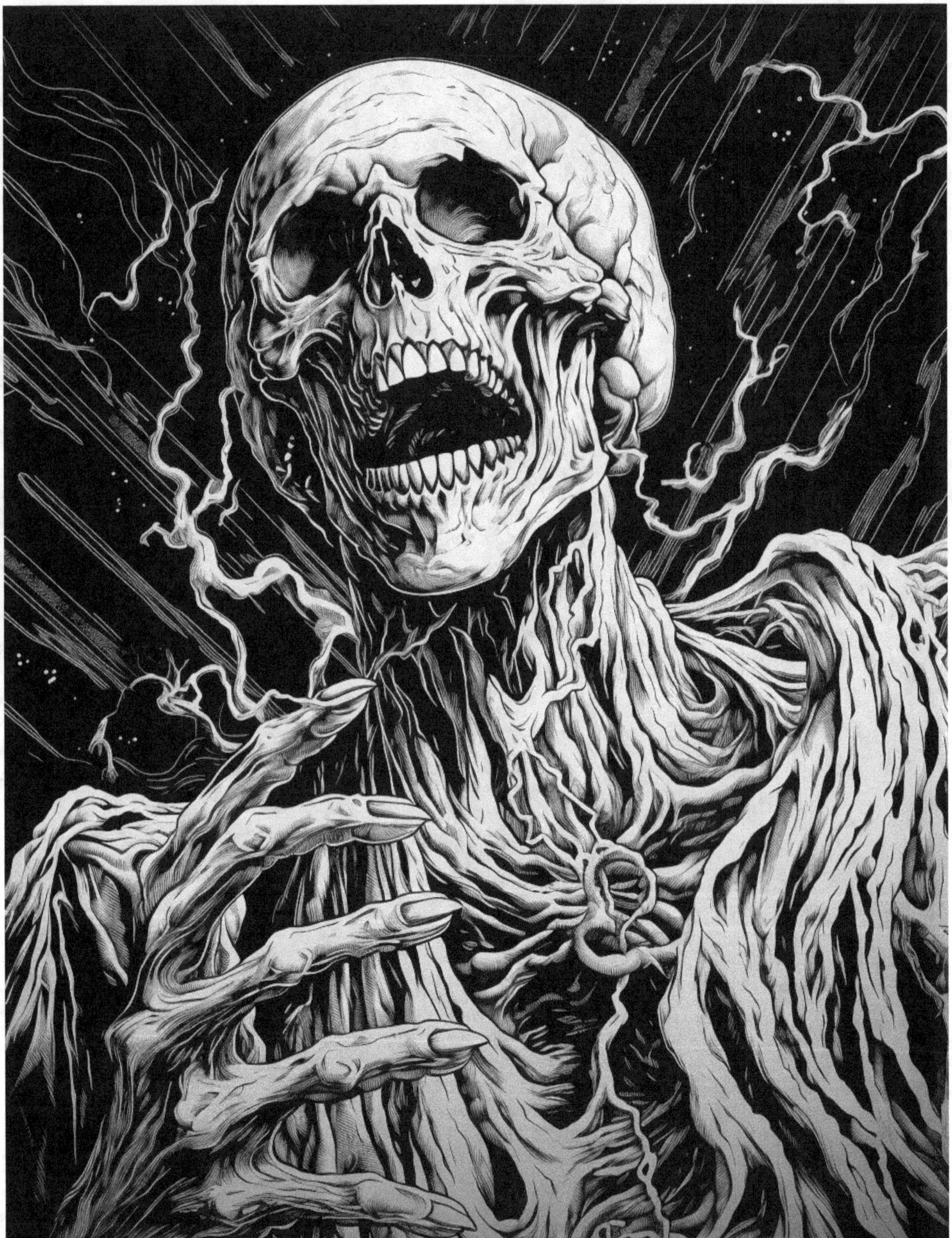

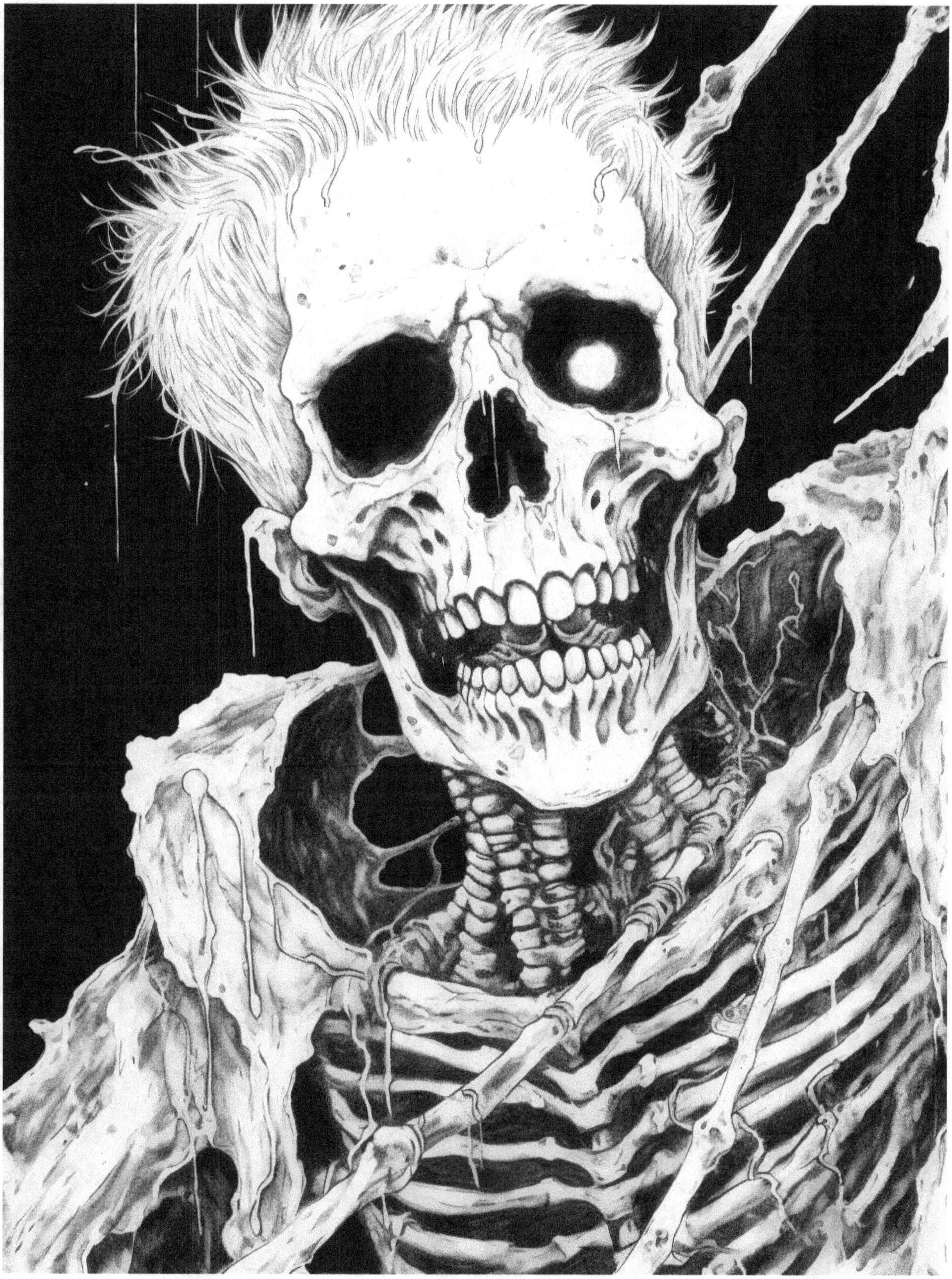

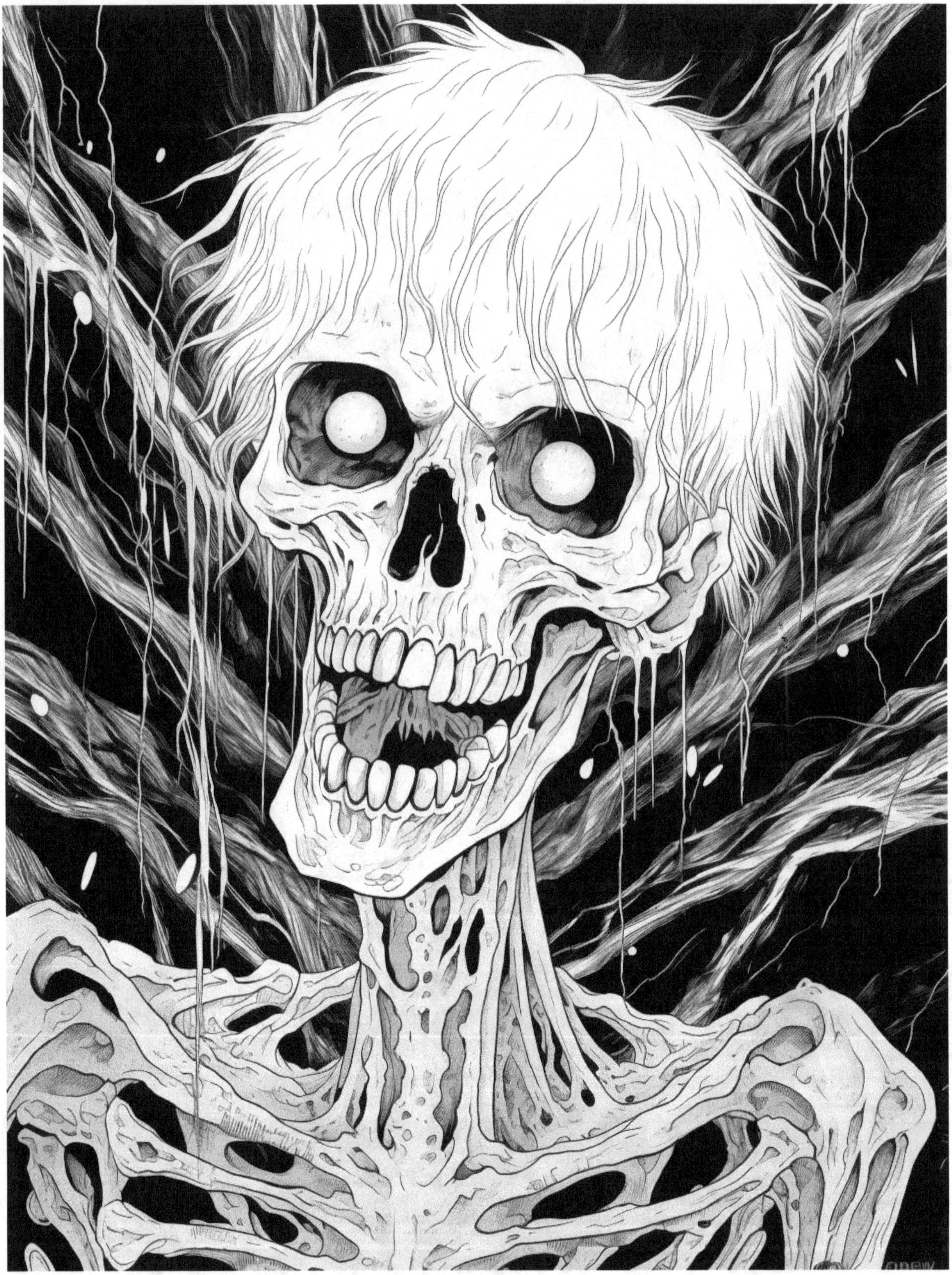

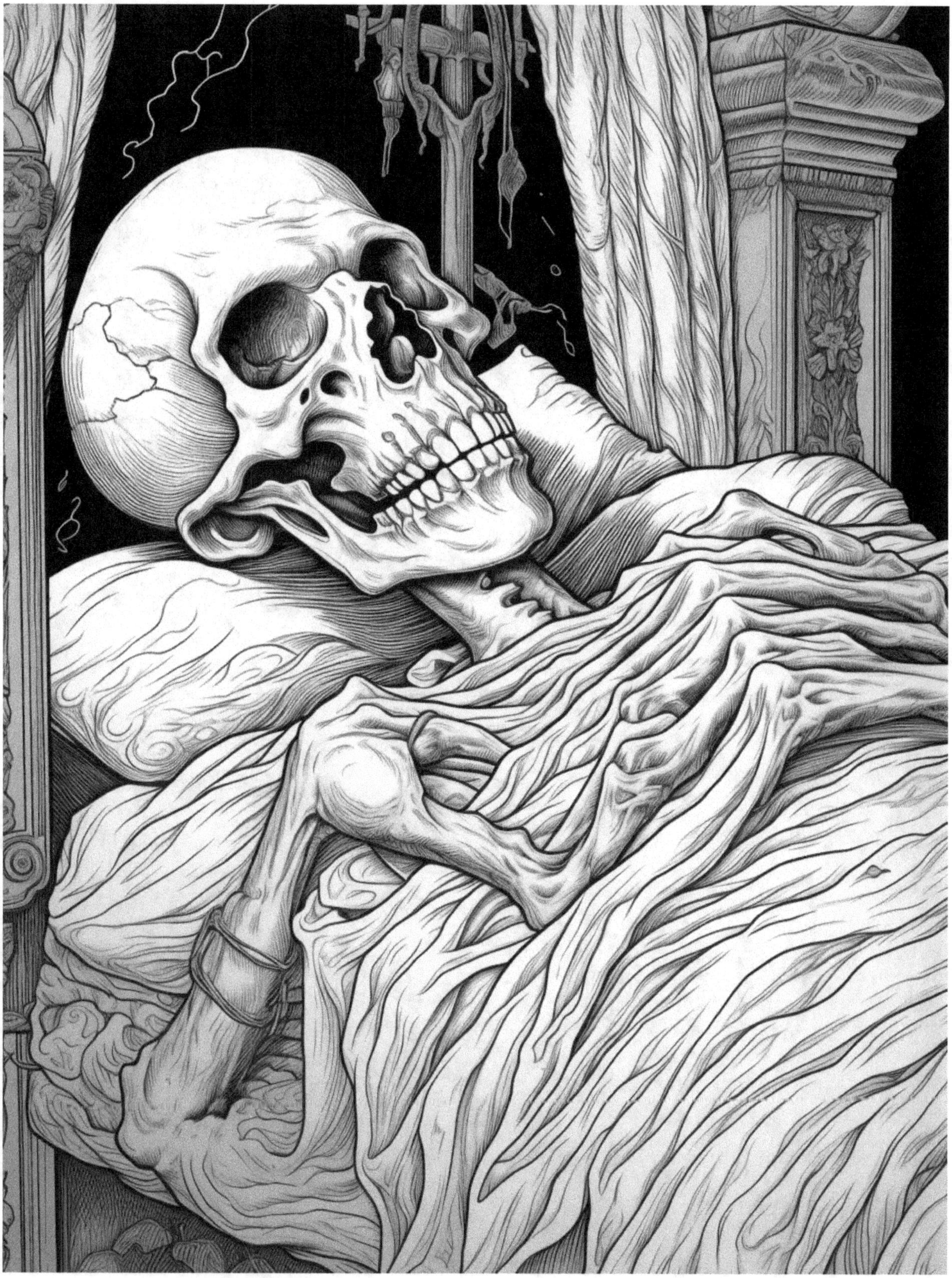

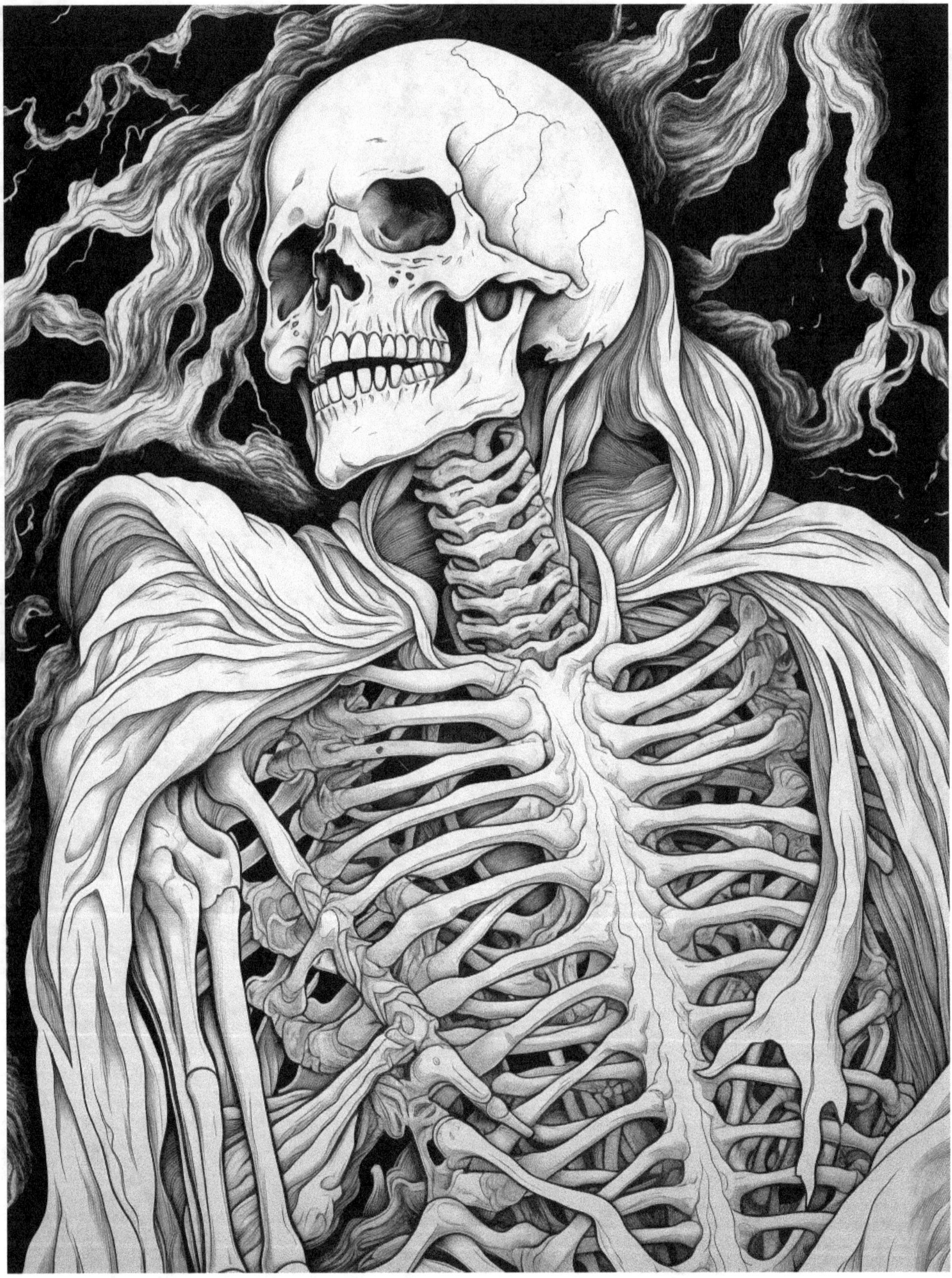

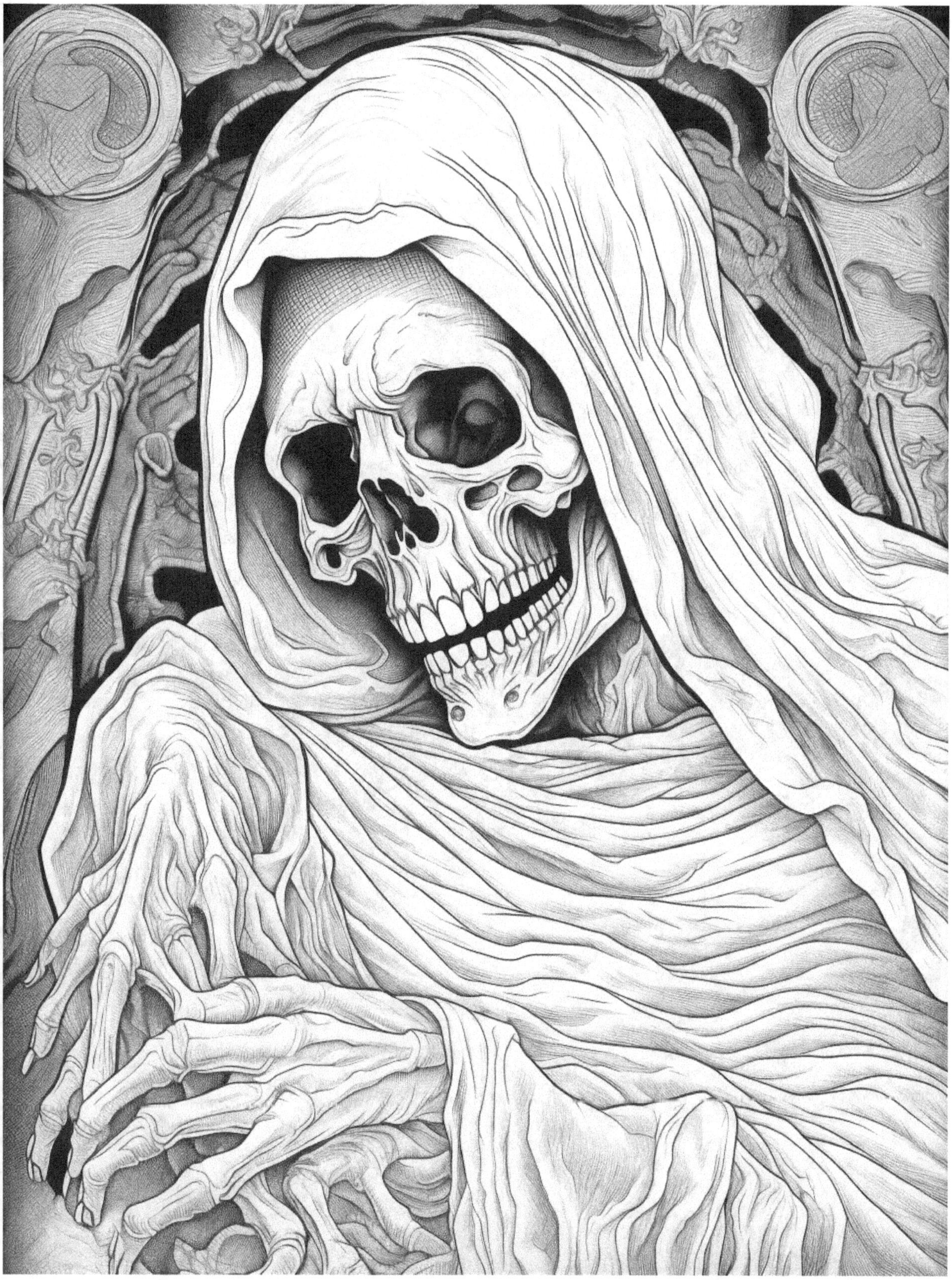

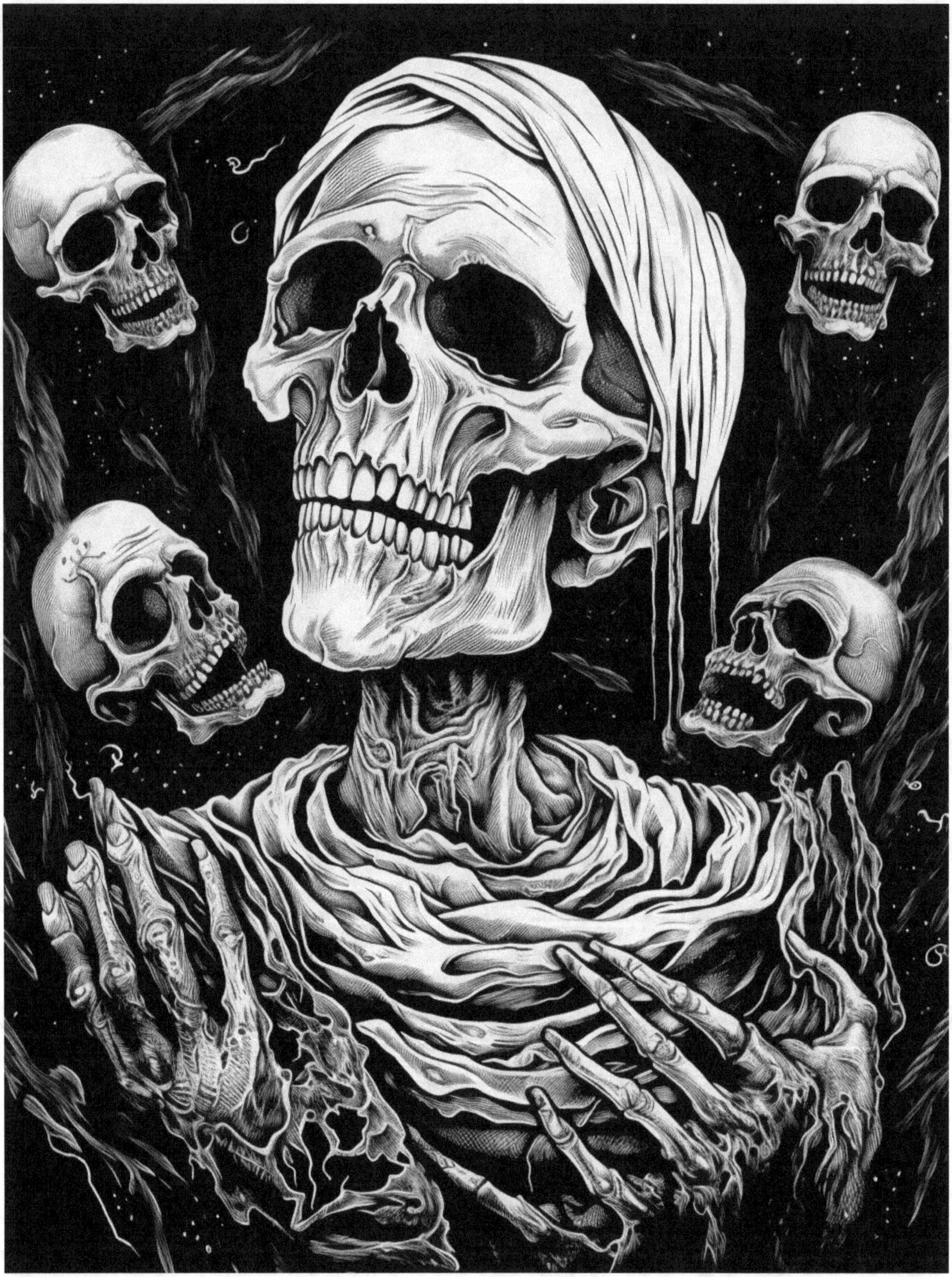

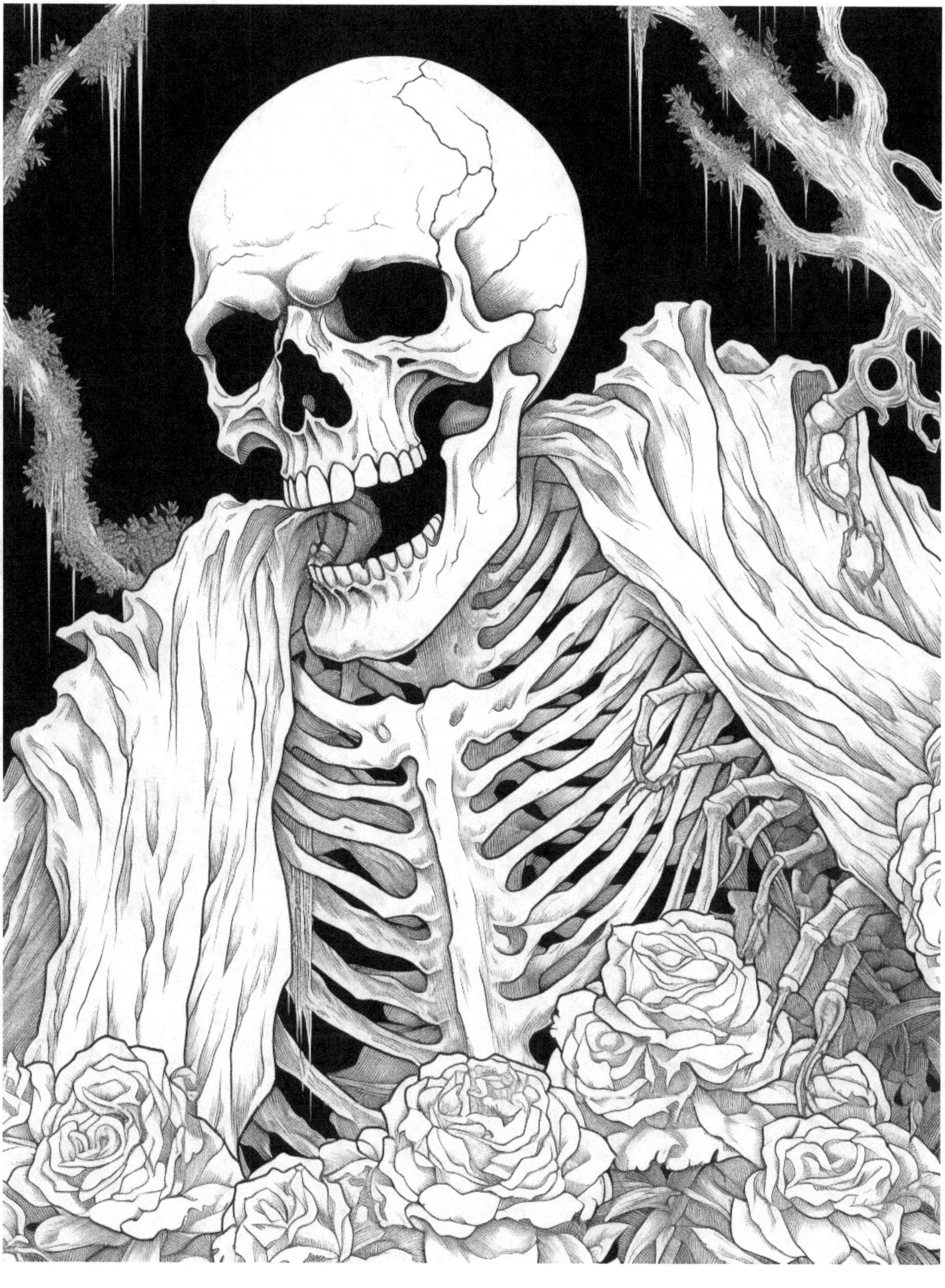

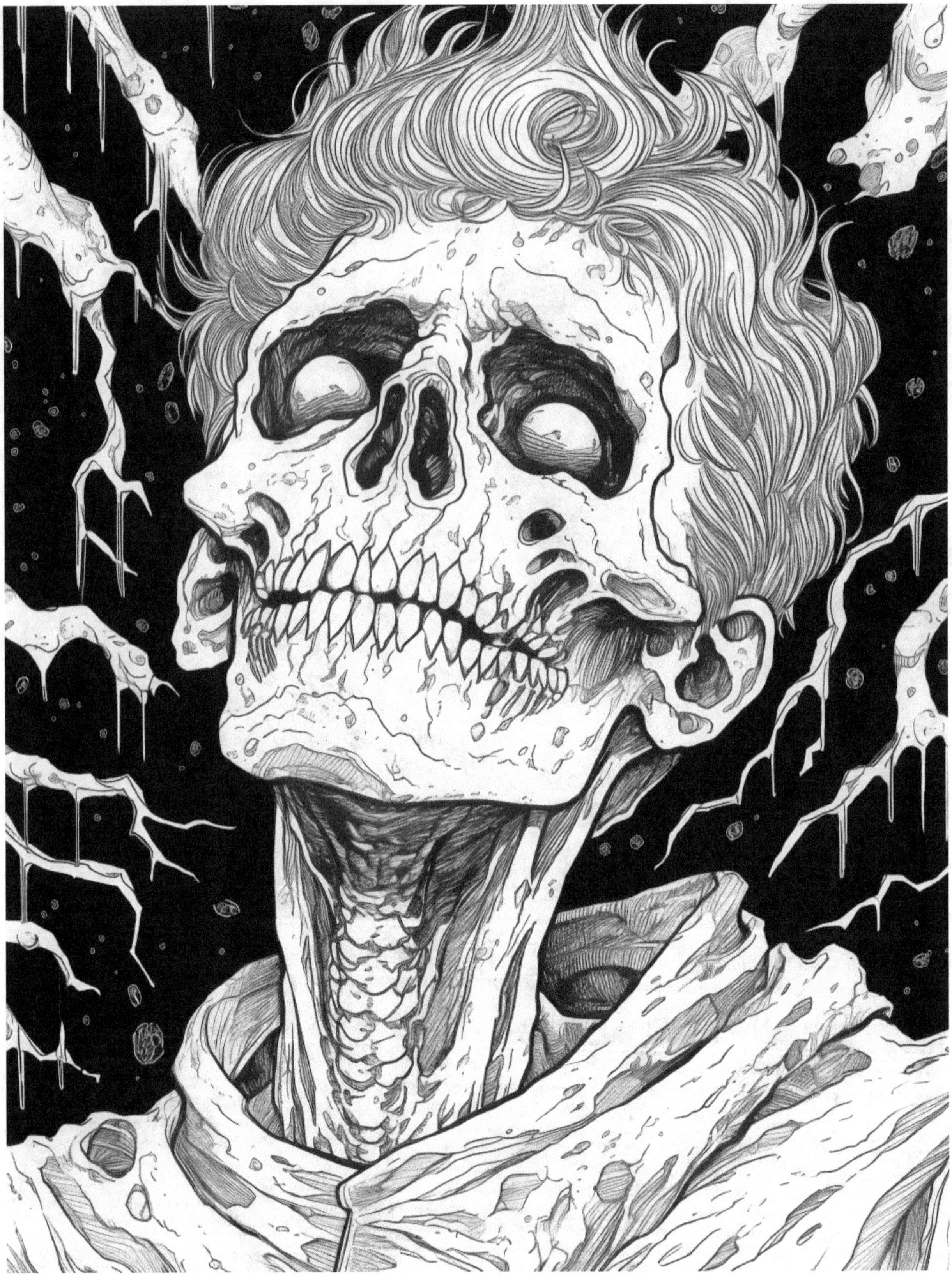

www.ingramcontent.com/pod-product-compliance
Lightning Source LLC
Chambersburg PA
CBHW080821220526
45466CB00011BB/3641
* 9 7 9 8 3 9 4 4 0 4 5 2 8 *